CRUSTÁCEOS

Isabel Torné

COLECCIÓN ITES

CRUSTÁCEOS

© Isabel María Torné Poyatos
© Ilustración de cubierta:
    Crustáceos de Marieta Torné
© Fotografía de la autora: José L. Bilbao
© Prólogo y sinopsis: Antonio Enrique
© Corrección ortotipográfica: Paloma Albarracín
© de esta edición: Olé Libros, 2025

ISBN: 978-84-10053-93-9
Depósito legal: V-87-2025
Impreso en España

KALOSINI, S. L.
Grupo editorial **olé libros**
equipo@olelibros.com
www.olelibros.com

A mi hermana
A mi enamorado más antiguo

You better make your face up with your favourite disguise
with your button-down lips and your roller blind eyes
with your empty smile and your hungry heart
feel the bile rising from your guilty past
with your nerves in tatters as the cockleshell shatters
and the hammers batter down your door
you better run!

RUN LIKE HELL!
DAVID GILMOUR y ROGER WATERS
PINK FLOYD

PRÓLOGO

Seguro que estaremos de acuerdo en que todos hemos conocido alguna vez a alguien que, creyendo que lo conocíamos, era, en lo profundo de sí, un desconocido. Lo conocíamos de toda la vida, no tenía secretos, estaba *aprendido*. Pero un buen día descubres que quien era uno, en realidad era otro. O por mejor decir, era ese otro, también. Y no porque esta otra persona procurase ser un desconocido, sino porque era así. Con total naturalidad. Es más, pretendiendo ser accesible, amigable. E indudablemente sincera. Así que un día se lo pregunté: «¿Quién eres?» (nuestras conversaciones eran de tan improcedente jaez). He debido aguardar al presente *Crustáceos* para apercibirme de que la pregunta, además de indiscreta y pretenciosa, era incontestable. Y lo era en tanto estaba mal formulada. Porque tal interdicción, el sujeto, solo puede despejarse mediante el complemento directo. «No eres quien escribe, sino lo que escribes». En este libro más que en ningún otro que haya leído en los últimos años. Todo libro lo es en alguna medida. Pero en este es inexcusable. *Sine qua non*, se decía de antiguo. Y sin entrar en la casuística de la sintaxis ni en los misterios de sustancias y esencias, lo que tenemos es un texto que podría haber sido otro, pero quien lo ha escrito dejaría de ser ella misma, esto es, el propio sujeto. ¿Se va entendiendo? ¿Se va entendiendo que la verificación de todo proceso vital es improbable? Lo vital es lo verbal. Se es lo que se escribe. Lo verbal, lo vital. Quien escribe se va haciendo. Se va haciendo (convirtiendo) en lo que hace.

Primera impresión del presente libro, epicentro de sí misma. No sé si es, pero está. Y quien está es el epicentro de sí misma. Y porque está en máxima intensidad, está en el epicentro, vive en el epicentro de sí misma. No su circunstancia, es su condición. Segunda impresión, no se trata de partir de lo biográfico para acceder a lo confesional, sino algo que lo trasciende: no se quiere confesar, aunque lo desee, razones de pudor íntimo se lo impiden. La autora no se quiere a sí misma (uno va entrando en convicción). Por lo que lo coherente es que hablemos de una radiografía. Se trata de una radiografía, esto es *Crustáceos*. Y tercera impresión, como si lo que tenemos entre manos fuera un silogismo, lo es, una indagación automática, mediante un procedimiento reflejo, inquietud impasible. Un estado de inquietud impasible se nos desvela en los primeros compases de la vida concebida como extensión del espacio en el tiempo. O sea, partimos de lo impersonal y objetivo. Hay que situarlo, lo que esto sea la vida en el tiempo, para que tenga algún sentido.

Partimos inicialmente de la voluntad, un acorde de voluntad, voluntad de ser, para que la expresión nazca encendida. Requiere que sea la suya, la que esas mismas palabras apetecen. Tal vez sorprenda que el primer pensamiento poético de la autora no fueran las palabras y lo que conllevan, que es lo habitual, convertirse en coleccionistas de palabras, sino de las propias letras. Le enamoraron, antes que nada, cuando era apenas niña, las letras, las letras por sí, intuición de raigambre semítica. Tal vez la fijación por el álgebra que practicaba su padre tuvo algo que ver.

Hablamos de indefensión de sí mismo, del espanto de ser una misma. Del vértigo de existir. De asumir el riesgo de alentar. Así era cuando, recién salidos de la adolescencia ambos —ella y yo—, yo la conocí. Una muchacha alegre. ¿Se produjo la ósmosis entre temperamentos? Yo la aguardaba al

10

medio día. Entonces, a la salida de mi colegio, el bus la recogía en la siguiente parada, la de su instituto de bachillerato. Entraba bulliciosamente, entre sus amigas compañeras. Por supuesto, yo era invisible para ella. Ni tampoco pretendía otra cosa, al contrario; porque ya de sí estaba entretenido con tenerla delante, tan vital, iba a decir, pero no, tan llena de vida, que no es lo mismo. No se sentaba, nunca la vi sentada. Ni hablando a voces (entonces se usaba cartera, no mochila; se trata de un salto generacional como lo fue, en tiempo de nuestros padres, el sombrero o no). Usaba un *blazer* verde oliva, y la cola era de pelo castaño con reflejos caoba, un pelo muy lustroso. Una vez se lo dije, corriendo el tiempo: «¿Sabes a qué te olía el pelo? A sano». Lo que pretendo decir es que, al subir la adolescente en el bullicio escolar, lo que aquel bus de la línea once de Granada parecía, y seguramente era, es un lugar lleno de pájaros. Olía ella a sano, pero también a lápices y al papel de los libros en octubre, como en uno de sus poemas se dice.

Estallaba otra dimensión. He debido esperar medio siglo para explicármelo. No era la fascinación, esto es los fluidos de la ósmosis. Ni tampoco esa ecuación rarísima que al final se resume en lo que solemnemente llaman destino, esto es una prolongación del ADN. Era encarnarse en lo que se escribe, era puro verbo. La literatura en su proceso. Por eso estamos ante un libro de poemas apasionante. Porque pretende no haberse escrito. Después de todo, es lo que Michel de Montaigne, el eminente creador del género ensayo, escribió: «Sin la literatura, nada sabríamos de la vida privada de los hombres». Yo no sabía absolutamente nada. Si acaso, que incurría en instantes de ausencia, reconcentrada en sus pensamientos inaccesibles.

Por lo demás, esa ósmosis llegó a producirse fortuitamente. Estamos en la sala de lectura de la facultad de Derecho, donde se recluían los estudiantes opositores. Entonces fue. La

11

tenía junto a mí, diría yo que me reconoció. Ah, el mundo fascinante de las sincronías: inconscientemente la estaba buscado y la tenía junto a mí, como el cigarrón del que se pretende huir y lo llevas en la solapa. No recuerdo que saliésemos juntos de aquel vetusto edificio, ni si hablamos. Lo que sí ocurrió fue que tenía ya una escritora delante y que la literatura existe porque existe la vida. A veces ocurre lo dicho: que quienes hemos conocido a lo largo de los años, eran un ser muy distinto al que habíamos ido construyendo. Ella ya escribía, apenas entrada en la pubertad. Escribía y guardaba. Nadie debía saberlo, nadie lo supo. Ni yo mismo, ni siquiera intuirlo. ¿Cómo acompasarla a aquella figura que desprendía torrencialidad vital, una inteligencia propensa a evadirse en lo abstracto, una perspicacia que solo podía ser genética? Cerebro de acero en estos versos, me gusta pensar.

Metamorfosis es una de sus claves conceptuales. El mundo reverbera, de tanto que vibra. El mundo que presenta Isabel Torné es un mundo yerto y desabrido. Un mundo al que le duele la cabeza (por así decir). Grandes extensiones donde aparentemente no hay nada. Y, a poco que el lector se confía, fermenta el desasosiego, el monstruo de lo inconcreto, el mundo se desliza en su plano inclinado. Es un territorio sin apenas nadie. Se torna mineral. No pasa nada, sino la náusea de existir. Por esto recurre a la metáfora global, colectiva y oblicua del crustáceo. Ella lo es. Ha tenido que serlo, si aspira a sobrevivir, pura costra paradójicamente evanescente. He aquí el fundamento de sí misma: convertirse en su propio esqueleto para defenderse, en su exoesqueleto. Ahí es donde queda la propia alegoría. El mundo vuelve la espalda. Lo duro, lo prismático. La duda andante, semoviente. Habrá que encontrar un sentido.

Ya en su ópera prima, *La boca incrédula* (Aliar Ediciones, 2024) observamos el mismo trayecto. Una mujer geométrica,

12

en armadura metálica, nos acecha desde la portada del libro. Es una figura que ha encallado en la imagen estática sin boca y su solo ojo. Concibe el mundo como aprensión. Mira, esta poliédrica figura, ¿para qué?, para asestar el dardo, para matar. ¿El tiempo que todo consigo se lo lleva? Es la muerte. Y es como un crustáceo. Es un crustáceo. Una coraza, el exoesqueleto. Ella va a ser el esqueleto de sí misma. Algo tan cercano a la muerte es su propia señal, como así se cumple en la iconografía de siglos pretéritos. La misma señal que debió hacer la Muerte en el zoco de Bagdad y por la cual fue reconocida por el dueño del esclavillo a quien ese día ella iba a llevarse consigo porque así estaba fijado en el libro de la vida, que es el de la muerte. Siempre es lo mismo. La misma señal que hizo la parca en la casa de Ocaña cuando fue a recoger el alma del moribundo Rodrigo Manrique, dejando resonar su puerta con los aldabonazos de la desolación. *La boca incrédula* viene así a recabar el reproche de quien no cansa ni se cansa de matar. Y su prolongación de la boca y del ojo son estas pinzas del crustáceo, que nos zarandea en el vacío. Sin duda que estaba en este libro la muerte de su propia hermana Angelina, que fue un ser angelical (poemas de las páginas 35, 37, 39 y 41).

En *Crustáceos* no hay gente, hay pájaros extáticos con el pico amarillo que comparten sus secretos (mirlos, cernícalos, una urraca), no hay hombres sino disfraces, esferas mensurables, líneas envolventes como un dogal más que perfiles, un *sfumato* perpetuo, pesantez que resuelve el horizonte; más allá está la noche como un hondón que nos apresa. El mar con el disloque de su oleaje posible. Las bocinas de los barcos en la bocana del puerto, cuando la noche entra como un designio y brilla como el betún. Ella está escribiendo estos poemas, muchos de ellos, en Málaga, que es una ciudad impertérrita. Está el *martillo* y el *cincel* de la *doma* diaria, la taza solitaria manchada con restos de café, y hay puertas y

13

ventanas, la selva regurgitante de símbolos como la *quimera* o las *sirenas*. Y están esos amaneceres veteados de niebla, con el vecino que se recoge tarde o la asistenta que comienza sus labores temprano. Y están esos hipnóticos *féretros baratos* que nos asolan, presagio de las pilas de cajas repletas, como la propia reiteración de la vida. Así es como lo veo yo, su lector. Una cazuela bullente, pero no como acervo surrealista, sino impresionante alegato de lo que uno no ya ha sido, sino seguirá siendo. Y permanecen, siempre permanecerán esas flores *irrepetibles, hermosas* flores, (pongamos que son rosas blancas, mis favoritas), hacia las que siente un profundo rechazo su hermana Marieta, «ante el jarrón que acoge su agonía», en un poema inolvidable, y que uno al fin lo entiende: no es el jarrón en lo que el eje delectativo se asienta, sino que se desplaza a ese sorprendente *papel de regalo que les sirve de mortaja*. Sí, no cabe duda, el mundo es un enjambre de crustáceos dolientes, abstrusos, ufanos.

En qué me he visto, como lector, para que Isabel ponga sucinto comentario explicativo a cada uno de sus poemas. No quería. Aspiraba a seguir siendo el exoesqueleto. Ni siquiera por razones de cortesía al lector. Y porque Walt Whitman se resistía a explicarse, aunque no así Edgar Allan Poe, su cuervo memorable, ni el albatros de Coleridge. Pasaron sus tiempos, que también fueron aciagos, y los poetas, hombres y mujeres, bien pueden cooperar desvelando las claves del enigma; aunque deje de serlo, siempre quedará la generosa belleza, la que se esconde en lo imprevisto. Es importante. Porque estos cincuenta y siete poemas aparecen enhebrados mediante títulos compuestos cada uno por el verso inicial en versalitas, con lo cual tendríamos un solo poema ininterrumpido que va rotando sin cesar, esto es, hendiéndose como un tornillo punzante en la madera blanda de la memoria. Por este procedimiento, constatamos que, sin referencia progresiva, los poemas tienen una interpretación distinta a cada lectura. Configura la atmósfera. Más que recorrerlos en su pura literalidad, en lo que incurren es en un estado de *ánimo envolvente*. A lo que también invita su musicalidad: se trata de silvas en verso libre, aunque el ritmo es el propio de endecasílabos y alejandrinos. Es tal métrica libérrima, la propia de la vibración, lo que les otorga semejante atmósfera hipnótica y redundante. Lo demás es el componente vital, que es lo que se va contando. Y que se resume, a mi entender, en lo que se podría llamar «geología de las horas». Quien esto ha escrito lo que hace es quedarse quieta mirando el tiempo. Mirar, recordar. Sentir.

Y su fuerza vital es la precisión, la palabra exacta. El armisticio con la vida. Por ahora es así. El vehemente sentir de lo inacabado.

ANTONIO ENRIQUE
25 NOVIEMBRE 2024

Antonio Enrique (Granada, 1953), cultiva la poesía, la narrativa, el ensayo y la crítica literaria. Como poeta, ha publicado veinticuatro libros: *Poema de la Alhambra* (1974), *Retablo de luna* (1980), *La blanca emoción* (1980), *La ciudad de las cúpulas* (1980, 1981), *Los cuerpos gloriosos* (1982), *Las lóbregas alturas* (1984), Órphica (1984), *El galeón atormentado* (1990), *Reino Maya* (1990), *La Quibla* (1991), *Beth Haim* (1995), *El sol de las ánimas* (1995), *Santo Sepulcro* (1998), *El reloj del infierno* (1999), *Huerta del cielo* (2000), *Silver shadow* (2004), *Viendo caer la tarde* (2005), *Crisálida sagrada* (2009), *Cisne esdrújulo* (2013), *El amigo de la luna menguante* (2014), *Al otro lado del mundo* (2014), *La palabra muda* (2018), *Resplandor* (2020) . Todos ellos están contenidos en su antología *El siglo transparente* (Ed. Alhulia, Mirto Academia, 2021). En 2022, apareció *Los cementerios flotantes*.

La Armónica Montaña (Akal, 1986), *Kalaát Horra* (Muñoz Moya, 1991; reeditada *Las praderas celestiales*, Comares, 1999), *La luz de la sangre* (Osuna,1997; Quadrivium, 2008), *El discípulo amado* (Seix Barral, 2000), *Santuario del odio* (Roca, 2006), *La espada de Miramamolín* (Roca, 2009), *El hombre de tierra* (Padaya, 2009), *Rey Tiniebla* (Almuzara, 2012) y *Boabdil, el príncipe del día y de la noche* (Dauro, 2016) constituyen sus novelas, siendo autor asimismo de *Cuentos del río de la vida* (1991 y 2002). En 2020, publicó tres volúmenes de memorias: *Los mamíferos extraños*, *Lectura de nubes en el cielo* y *Los días que paró el mundo*. Libros conjuntamente contenidos en *Memorias* (Alhulia, Salobreña, 2021).

Su labor crítica está contenida en unos quinientos comentarios, en revistas y prensa. Como ensayista, cuenta con los libros *Tratado de la Alhambra hermética* (1988, 1991, 2005; edición inglesa, 2007), *Canon heterodoxo* (2003 y 2012), *Los suavísimos desiertos* (2005), *El laúd de los pacíficos* (2008), *Erótica celeste* (2008), *Las cavernas del sentido* (2009), *Metidos en una pompa de jabón* (2015) y *El espejo de los vivos* (2017). Es autor, asimismo, de *70 menos uno: antología emocional de poetas andaluces* (El toro celeste, 2016). En 1975, había sido coautor de la antología *Cien del sur sobre la épica*.

Decidido impulsor de la literatura de la diferencia, movimiento al que dio nombre, en 1994 cofundó el Salón de Independientes, al que se unió más de un centenar de escritores. Es presidente honorario del Instituto Iberoamericano de Estudios Andalusíes. Reside en Guadix, ciudad en la que se jubiló tras treinta y cuatro años de vida docente y en la que está al cuidado del aula Abentofail de poesía y pensamiento, empeño por el que fue reconocido con el premio Mecenas de Literatura Andaluza en 2021, tras ciento cincuenta intervinientes. En 2014, la Diputación de Granada le concedió la Medalla de Oro de la provincia. En

2015, el claustro de profesores del instituto donde ejerció puso su nombre a la biblioteca del centro. En 2016, la Fundación Andrés Bello le otorgó el premio a la Obra Narrativa Completa y en 2017 le fue concedido el premio Andalucía de la Crítica, en su sección de narrativa.

EN EL TIEMPO, DESDE EL CENTRO DEL TIEMPO,
donde habitan las luces a lo lejos
y el sol cambia de sitio con la luna,
esperamos absortos en el borde
del confín impreciso de los días.

En el tiempo, la cabeza confunde
el anhelo de ver la primavera
con el juego espectral de las estrellas,
con el talle ceñido de las hadas
que velan nuestro sueño por las noches.

En el tiempo está todo decidido,
sangra el corazón inútilmente,
asustado del frío de la huida
del deseo que guarda en la memoria
el fuego y la pasión de aquellos días.

En el tiempo, se habrá perdido todo
fundiéndose despacio en el olvido,
se habrá perdido todo con la nada
de estar al mismo tiempo que no estar,
de huir sin escapar del laberinto.

Es el tiempo el que esconde la certeza
de añorar el deseo fugitivo
que la ausencia enterrada no recuerda,
un deseo que ha huido para siempre
dejándonos sedientos y desnudos.[1]

19

IRREPETIBLES, HERMOSAS,
amarradas con una cuerda fina,
el papel de regalo les sirve de mortaja.
Un jarrón acoge su agonía
como féretro efímero.[2]

CAMINO EN BUSCA DE UNA VEREDA SIN ESPINAS,
sin ripio, sin asfalto, no quiero carreteras.
Rastreo los senderos ocultos en los mapas,
quiero hallar otros pasos para salvar colinas,
para cruzar de noche los ríos caudalosos.
Quiero llegar a tiempo a la cita inaplazable,
el corazón y el alma vacíos de tristeza,
porque vivir es la vuelta al mundo en un instante
con la duda perenne como fiel compañera.[3]

LA CORAZA, ¿DÓNDE ESTÁ MI CORAZA?
No sé si la he dejado en algún sitio
que ahora no recuerdo y me hace falta.
Debería estar siempre en el armario,
ser parte de mi ropa cada día.

Tendríamos que ser como crustáceos,
cubiertos por un exoesqueleto
que proteja los débiles costados
del ataque inclemente de la angustia,
del hueco de la vida imaginada.

No caminar de frente por prudencia,
desplazarnos de lado cual cangrejos,
enarbolar las pinzas en el aire
asustando enemigos invisibles
que esperan a la puerta en las mañanas.[4]

SE HAN REUNIDO DIEZ MIRLOS EN LA RAMA MÁS ALTA.
Desde el tejado rojo la urraca les describe
que la muerte ha pasado de largo esta mañana,
siguiendo su ruta sin mirar hacia la casa.

Diez picos amarillos comparten sus secretos
y un gato blanco merodea por la piscina.
Acarician sus ojos las plumas relucientes,
la mirada inmóvil en las presas de la rama.

Las estancias sombrías de la casa recubren
castillos flotantes hechos con naipes marcados,
el rubor de las sombras reviste las paredes,
que apenas son ya muros de escarcha en carne viva.

El alegre parloteo de los mirlos cuenta
las abejas que liban las flores de las tuyas.
Una imprecisa soledad todo lo tapiza
y las olas rompen en la arena de la playa.[5]

LA ARENA QUE CAE SOBRE LA ARENA
hasta hacer los estratos en la roca
es la vida que acaba poco a poco
con el sol que se oculta cada tarde.

Tiempo son nuestros pasos por el mundo,
la vida contenida en los espacios,
son las cuatro estaciones envasadas
en estuches que no pueden abrirse.

El tiempo es una sombra irreversible,
es todo cuanto somos todavía,
el mañana que no nos pertenece,
la ausencia travestida de domingo.

Un manojo de tiempo es lo que somos.
Llevamos en las manos un hatajo
de cables desatados e inconexos
que conducen el tiempo y la memoria.[6]

EL TIEMPO SON ESFERAS MENSURABLES,
recintos circunscritos, son instantes
que beben del pasado y del futuro,
son puntos que no pueden alargarse
por una inexistente línea recta.

Es la sombra que forman los espacios
del relato que de ellos escribimos
lacrado entre paréntesis perfectos,
la sorpresa de vernos frente a frente
con la vida que nunca imaginamos.

Es como el fiel de una balanza antigua
siguiendo la cadencia de las manos
que cargan el platillo cada día
del eterno fracaso de la ausencia,
de la mansa presencia de la muerte.[7]

La obediencia se logra con la doma
que incrusta los terrores aprendidos,
el pánico de no ser aceptados,
la ansiedad del dolor que no se entiende.

La obediencia es el miedo agazapado
que aprende de sí mismo hasta la muerte,
es ese *deber ser* contra el *ser* mismo,
encarnizada lucha sin sentido.

La obediencia es hacer lo que hay que hacer,
el corazón y el alma vencidos en silencio,
derrotarse a uno mismo en cada huida,
intentar escapar imaginando.[8]

LOS DÍAS SE PERFILAN POR LA NOCHE,
se escriben sin palabras en los muros,
defienden con fiereza los silencios,
la impostura que todo lo domina.

No nos dicen qué siente el corazón,
cautivo del acero de las redes
—tejidas con esmero día a día—
que apresan el desgaste del vacío.

Es inerte la vida que no es vida,
cada hora en la antesala de la nada,
la certeza de todo lo que es falso,
el terror de perder lo que no existe.

Se han quebrado los sueños, los deseos.
No quedan restos, ni siquiera el rumbo
que anunciaba la ruta en un desierto
que abarca continentes infinitos.[9]

27

LA MAÑANA SE ESTIRA POCO A POCO,
contemplando la luz que se despierta
y las aves observan asombradas
que los días se deshacen en cenizas.

El aire que respiro es transparente,
representa horizontes imposibles,
es tan puro que arriba, en el tejado,
no hay vestigios de polvo ni pavesas.

Los labios que no besan son azules,
sin oxígeno están como perdidos
en la médula misma de la ausencia,
sabiendo que la muerte está muy cerca,

que voló la esperanza sin retorno,
que los días no visten de colores,
que indolente la noche se recuesta,
se acomoda a esperar la madrugada.[10]

EN MEDIO DE LA NOCHE, EL SILENCIO ME DESPIERTA
cuando solo las sombras vigilan los tejados.
Dos cernícalos hablan despacio en la azotea,
se quejan del fulgor de las luces de neón,
del ruido del motor de los barcos en el muelle.

Me cuentan que, en las tardes, en bandadas sinuosas
los estorninos bajan en tromba como flechas,
que entran en las copas de los ficus de la acera,
que dudan y levantan el vuelo varias veces
hasta hallar el refugio seguro en una rama.

La oscuridad magnifica todos los sonidos,
el ascensor, los ferris, el portón de la calle,
el vecino al que la madrugada ha sorprendido,
la limpiadora de la oficina del tercero,
el turista que cierra la puerta con estrépito.

La vigilia intermitente de mi sueño acoge
la voz de las rapaces, sus cotilleos suaves
colmados de secretos de todos los durmientes
que, detrás de sus ventanas, descansan serenos
a la espera de que salga el sol cada mañana.

Mientras tanto, me despierto, duermo, me despierto.
En las noches no hay ritmo, no hay notas musicales.
Las palabras, que ordenan el presente y el futuro,
poco a poco dibujan la inquietud impasible
de viejos corazones que ardieron en la hoguera.[11]

MIRO LOS MUROS EXTERIORES
como si fueran cuadros de un museo
que muestran figuras sin rostro,
sin voz que me alcance, mudas.

Oigo cómo cuchichean las ventanas,
las puertas me invitan a pasar,
a ir dentro, donde la vida es otra.

Me acojo a la idea extravagante
de un cambio radical en el reparto,
un cambio de escenario, del atrezo.

Y sueño la vida en un cuadro imaginario
detrás de esas paredes, con mi rostro y mi voz.
En silencio.[12]

ES UN TRAYECTO CORTO QUE RECORRE
senderos invisibles de la vida.
Atraviesa los sueños implantados,
relega las alertas evidentes
queriendo hacer posible lo imposible.

Es un choque de trenes desbocados
la voluntad perenne del destino
que viaja decidida hacia el fracaso,
atraviesa desiertos, cruza ríos
y en cascadas eternas se despeña.

Es un camino largo de añoranza
de los sueños que apenas fueron ciertos
un instante tan solo entre la niebla.
Es difícil la marcha en la negrura
sin esperar el sol de otra mañana.[13]

HUBO UN CORTOCIRCUITO QUE APAGÓ DE REPENTE
aquel amor tan nimio que nunca se tuvieron,
que huyó con pasos largos, como sabiendo dónde
buscar refugio cierto y compañía fecunda.

Una vez devastados sus cuerpos malheridos,
se fue sin haber visto que un miedo desbocado
reclamaba libertad como el preso que ignora
que hay ventanas sin rejas y puertas sin cerrojos.

Quedó la calma fría que precede a la espera.
Ellos volaron leves por el aire de acero
hasta el árbol yerto en donde los pájaros cantan
la melodía equívoca del amor eterno.[14]

EN EL AMOR NO EXISTEN SALVAVIDAS,
da lo mismo valor que cobardía,
y la sed del camino sólo encuentra
oasis en el fondo de uno mismo.

Nunca habrá un mesías que nos redima
de la oscura oquedad donde la angustia
nos devora los flancos descubiertos
y se apropia de todo lo que somos.

Quietos, solos en medio de la nada,
fundidos con el miedo y con la duda,
esperamos que llegue quien nos salve
del espanto de ser nosotros mismos.[15]

CONTIENEN EL ALIENTO, SE SUSPENDEN,
conversan de manera inteligente,
analizan cuestiones importantes
señalando las páginas de un libro,
extáticos los ojos en los ojos.

De repente, se ha detenido el mundo
y están encarcelados otra vez.
No existe de verdad este momento
que acecha corazones escondidos,
malheridos aún de otros desmanes.

Continúan la charla con esfuerzo
pretendiendo que nada ha sucedido.
Se embelesan creyendo que se admiran,
de sus bocas salen palabras vanas
y el ansia de besarse los devora.

Es terrible ese amor envejecido
que inventa la esperanza entre la nada,
que a la nada conduce finalmente.
Es mezquino aceptar la servidumbre
de un futuro vacío que no existe.[16]

LES PARECE MÁS LIVIANA LA VIDA CUANDO HABLAN.
Miran el mar, que les sigue los pasos
asombrado de la luz que ellos desprenden
sorprendidos del presente de un pasado ausente
que les llena de ecos la memoria.

Son invisibles. Están solos en medio de la gente.
Solo ellos se ven el uno al otro, solo ellos hablan
sin orden, sin pensar,
hablan y hablan de todo lo que no puede explicarse,
de todo lo que puede decirse en un minuto.

Cada uno en su cabeza cree no merecer
el regalo de esta calma inesperada,
de estas horas anónimas que no tuvieron nunca.
Evocan una adolescencia de instantes volátiles,
la cobardía de aquella juventud encadenada.

El olor del mar lo llena todo,
hay sosiego en el ruido de las olas.
Entre azules y grises, el sol juega al escondite
y el mar se despeina con el viento
mientras ellos no dejan de mirar y de mirarse.[17]

LAS GANAS DE SABER Y DE SABERSE
las devora la vida, como un monstruo
que les toma la mano cada día
y les muestra senderos en los mapas
que han borrado el camino hacia el futuro.

En las sombras, destapan las sonrisas
que estaban escondidas en cajones
sellados por la herrumbre del vacío,
se ocultan del olvido de los ojos
que miraban la vida como un premio.

Apenas son dos viejos conocidos
que se observan, se abrazan, se sonríen,
que ignoran todo uno del otro y buscan
hallar lo que les falta en la mirada
que no les dice nada del mañana.[18]

TRAS UNA PILA DE CAJAS REPLETAS
de todo lo que sobra, de lo inútil,
se esconde una ventana olvidada,
cerrada desde siempre.

Un golpe de viento la ha abierto con estruendo
dejando esos paquetes indefensos,
como un montón de féretros baratos
que guardan lo que el tiempo ha corrompido.

Seguro que encierran cachivaches
que hace mucho deberían estar en la basura.
Si lloviera, el agua pudriría los cartones,
pero el cielo está azul.

Es un esfuerzo sobrehumano
pensar qué hacer con tanta cosa
y la angustia se atraviesa
como un árbol caído en medio del camino.[19]

LA ESPERA INVOLUNTARIA ES MÁS DIFÍCIL
cuando no hay amparo alguno en la esperanza.
Se hace estéril, absurda como el agua
que inunda las macetas del balcón
y moja a los viandantes en la acera.

Que alguien me diga qué es la espera. ¿El tiempo?
Es el tiempo, un tiempo exacto e implacable
que camina con paso decidido,
prescindiendo de todos los adverbios,
silenciando la voz de los pronombres.

Porque no se podía esperar nada,
en busca del valor sin encontrarlo,
en busca de todo eso que no existe,
quien espera naufraga entre las sombras
en medio de una charca sucia y densa.[20]

NO ES VISIBLE LA PUERTA DE SALIDA,
uno mismo es la cárcel, son los hijos,
los amigos de siempre, es el trabajo,
la melodía cruel de la rutina,
la nostalgia de todo lo perdido,
estar vacío y mudo cada tarde,
caer en un abismo de repente,
la vida que habría sido distinta,
el dolor de añorar lo que no ha sido,
restar de lo pasado lo que queda y
suspender la aritmética maldita,
dudar, sin tener duda, del mañana.[21]

SI LA VIDA TE PIDE QUE TE QUEDES,
que tus horas se adapten a lo absurdo
de una vida que nunca imaginaste,
a los días que apenas son de noche,

si te exiges ser siempre el obediente
que siempre finaliza sus deberes
si te impones vivir sin ser distinto
y vaciar la cabeza de tus sueños,

si es eso lo que esperas de la vida,
si sumiso te pliegas sin remedio,
que el viento te ilumine en tu camino,
que la suerte sea tu compañera.[22]

AÚN NO HEMOS HABLADO DE LA AUSENCIA,
del sueño de una vida imaginada
que tapiza los techos, las paredes.
Tampoco hemos hablado de la lluvia
que lo ha encharcado todo y que ha extinguido
la esperanza que vive del deseo.

Una quimera muda es el futuro.
Porque no existe, de él no hemos hablado.
Lo que existe es tan solo el día a día
que atraviesa la inercia en su desidia,
que acarrea a escondidas los silencios
en pesados paquetes sin destino.

El silencio retuerce nuestras almas,
se revuelca intranquilo, se atrinchera,
se cobija del fuego que devasta
nuestras islas rocosas incendiadas.
No hay maleza, ni árboles, ni animales;
no hay ni estanques, ni arroyos, solo nada.[23]

41

SOBRENADA LA ESCORIA EN UN CRISOL
de rabia desatada, enmudecida
por la estricta cadencia de las horas.
Amanece y se reaviva el fuego
y las llamas eternas nos abrasan.

Pero somos nosotros los eternos,
de la nada son presa nuestras almas
y con vida llegamos a la noche
y la lumbre se cansa del esfuerzo,
no consigue quemarnos ni las manos.

En silencio, el incendio nos devora,
nos explota en silencio la cabeza:
es la ira contenida en las esferas
del tiempo que sin duda no fue nuestro,
es la furia a la fuerza encadenada.[24]

SI CONSIGO LLEGAR, ES SIEMPRE A SOLAS.
Una incansable soledad me acecha,
fiscaliza mis pasos a distancia,
demora el abandono sin dejarme.

Si no logro llegar, es siempre a solas.
El tormento resuena en eco abstracto,
rebota en las ventanas, en los techos,
y salta al vacío desde la nada.

Han huido de la orilla las sirenas.
Ya sus cantos no avivan los anhelos
y el trayecto en el tiempo, que es la vida,
se conjuga en silencios delirantes.[25]

CON MARTILLO Y CINCEL SE APRENDE EL LLANTO,
la tristeza se hospeda en la trastienda
de los ojos que miran a lo lejos
buscando imaginarios horizontes.

El cincel y el martillo baten mudos
en las sombras ocultas de los días,
en el filo imprevisto de las tardes,
en las noches insomnes del verano.

Cada pliegue se talla con esmero,
cada gesto se pule ensimismado,
el puntero dibuja las arrugas
que en el alma las lágrimas esculpen.[26]

SOSTENGO EN UNA MANO
la niebla del vacío,
la niebla de la vida.
Peso de más para mis fuerzas.

Sola en compañía,
sola a solas,
acarreo el fardo de mí misma.
Voy en busca del final del viaje.

Cuando al alba me espera
para impedir que huya,
el sol se aferra a mi otra mano.
Con toda su fuerza me sujeta.[27]

ESCAPAR, HUIR,
desertar para siempre de la vida,
correr sin parar,
vencer en emboscadas
cargando con armas y bagajes,
tomar la colina de la muerte
para asentarse en ella.
Para siempre.[28]

DE CERO A CIEN EN UN SEGUNDO,
la memoria vacía, sin retorno,
oquedad a la puerta de la nada.
Eternamente.

De cero a cien sin un propósito,
sin ningún cometido, con desgana.
En silencio los párpados confinan
castillos de agua.

De cero a cien, como fue siempre,
sin trazar un camino sobre el mapa,
sin motores que rugen, sin rodadas.
Eternamente.[29]

MERODEAN SIN TREGUA EN TODAS PARTES,
no rehúyen el miedo ni la nada.
Impacientes, las sombras se organizan
marcando el territorio con sus garfios.
Escondidas detrás de los postigos
se olvidan de que todo está disperso,
exorcizan peligros inefables
y destruyen los reinos de la noche.
A la fuga abandonan, con premura,
carcomiendo la luz de las mañanas.[30]

A SOLAS CON LOS LIBROS, EL TECLADO,
una página en blanco en la pantalla
y los dedos inmóviles, con miedo
de acariciar las letras taciturnas.

Se deslucen despacio las ideas,
agonizan a solas, no se atreven
a manchar con su tinta la blancura
del espacio infinito de la ausencia.

Solos, callados, nueve de mis dedos
golpetean las teclas sin parar,
el décimo es inútil, prescindible,
lo mismo que mi vida ha sido siempre.[31]

SANGRA LA MEMORIA,
ante la imagen
que el corazón apaga
de golpe
en el olvido.

Acaban las palabras,
los gestos se han fijado
en una piedra estéril
cubierta de un desierto
interminable.

Huyen los anhelos,
persiguen la esperanza
que se ha ido
por caminos infinitos
sin dejar rastro. [32]

CORTO CON MICROTOMO LAS PALABRAS,
con reactivos tiño cada pieza,
observo letra a letra al microscopio.

Sorprendida compruebo cómo cambia
el color, la textura, la apariencia
de una sílaba lejos de las otras.

Estoy buscando en ellas un atisbo
del hambre que clamaba saciedad
en un erial donde no había nada.

Las palabras se han ido, han desertado
de la idea peregrina de juntarse,
de encontrar el sentido entre las letras.[33]

UNA PÁGINA EN BLANCO
me mira fijamente,
espera con cautela,
agazapada,
teme mis manos impulsivas,
las manchas de tinta imaginaria
que siembran desvaríos en cada trazo.

En un rincón aislado
rotulo garabatos
a escondidas,
esquivo los ojos oscuros de la página
que se bate en retirada algunas veces,
agobiada de frases y palabras
diferentes e iguales a la vez.

Una a una, gritan las letras,
luchan por salir en formación
componiendo vocablos y discursos
en busca de sentido,
son veleros al viento
que no largan las velas,
que naufragan en las aguas más profundas.[34]

ESTÁ SECA LA HERIDA,
la piel parece intacta,
como de no haber sentido
la hoja del cuchillo.

La cicatriz no muestra
el dolor de los músculos,
el ruido de los cortes
bajo la piel tan blanca.[35]

LA TARDE DESPRENDE
efluvios de cansancio,
es la bola de nieve que rueda
monte abajo, desbocada.
Su olor no se parece
al de las horas de la noche,
que distingo una a una
por su perfume propio.

En la madrugada encuentro
oscuros hilos sin luna
con los que coso heridas
de fragmentos absurdos,
de los días que han pasado por mí
sin dejar marca.

Llega la mañana y huele a nuevo,
como los libros de texto cada octubre.[36]

HA CAMBIADO LA LUZ EN ESTA TARDE DE JULIO,
anuncio de la muerte del verano.
La esperanza
se ahoga poco a poco
en la duda, en el miedo,
en el hosco silencio de las horas.

Se transforma rotunda
en una sombra pálida
que se aferra a los muros,
que cuelga en las ventanas,
que vive en lugares
repletos de abandono.

La luz es audaz y esquiva,
diletante y anónima,
describe un arco repetido.
Sin ruido y sin descanso
golpea corazones
que laten a escondidas.[37]

NO CREAS QUE LAS HORAS DEL PASADO
son mejores.
Están muertas.
Son cadáveres
a los que no hay que hacer la autopsia.
No busques ahí
la ilusión de algo que no existe,
el pensamiento estéril
de que *habría sido mejor si...*

Rastreas dentro de ti,
desesperas
en un vacío repleto de sueños oxidados
y agarras con fuerza la quimera,
pero no encuentras el consuelo
en tu interior,
salvo pensar en eso.

Tan inútil.[38]

LOS DÍAS PASAN Y UN SILENCIO TAIMADO
se alarga como sombra de crepúsculo,
camina hacia cada una de las horas
de madrugadas
que suenan como el trueno,
como velo de seda desgarrado.

En el lecho de arena del río
se posan calladas las palabras,
puedo leerlas a través del agua cristalina,
quietas están
pero intranquilas,
temen que las lleve la corriente.

Inmóviles viven los pensamientos,
perdidos para siempre
en el naufragio,
no aprendieron a nadar cuando era tiempo,
a flotar indolentes,
a gozar de los placeres de la nada.[39]

HABRÍA QUERIDO
que aquello no fuera un cataclismo,
que las fuerzas telúricas
no hubieran desatado
la ira desbocada de las furias.

Habría querido
que la espera de cada madrugada,
que la sed de venganza de las horas
no hubieran definido
la esencia misma de lo trágico.

Habría querido
que fuera cierto que la suerte
ahuyenta de un soplo la desgracia,
que no invocara nadie nunca
la muerte en medio de la náusea.[40]

DEL CUERPO LE PESA
hasta la sombra,
que camina a su lado,
como la de alguien a quien no conoció nunca.

Con la blancura rotunda de un alud
pesa la vida por sorpresa,
una mochila convertida en fardo
de repente.

Pesan los días y sigue andando
con la obediencia muda del autómata,
con la ceguera absurda
de mirar sin ver.[41]

HAY UNA TAZA MANCHADA
de restos de café
amargos, trasnochados.
Hay botellas vacías y medicinas
de nombres sin sentido
que pueblan los estantes en desorden.

Pero allí entre las plantas, en el agua,
en las cajas de cerillas,
en las velas de los dos candeleros del pasado
que derraman la cera torpemente,
allí, en el extremo mismo de la mesa,
ella sigue viva.[42]

DE HABER TENIDO TODO
a vivir entre los restos
de lo que fue otra vida.
Dejar atrás las cosas,
aparcar las ilusiones,
achicar cualquier expectativa,
pero seguir soñando
sin descanso ni tregua
para intentar curar
el mal incontestable de estar vivo.

De haber tenido todo
a la misma nada
en un viaje sin retorno,
maltrechos los harapos,
la carne descubierta
que el viento azota sin parar,
y el frío de la ausencia en los zapatos.[43]

DE QUE LA VIDA ERA OTRA COSA
se da cuenta en un instante,
cuando no le queda la esperanza
de salvar el presente ni siquiera.

Se da cuenta poco a poco
de que el tiempo
coquetea con los fantasmas
de un futuro ahíto de deseos.

Se da cuenta, sin pensarlo,
de que no hay ni pasado
ni mañana que restañe
la sangre derramada del olvido.[44]

SON PALABRAS SIN CUERPO,
privadas de sentido
a fuerza de decirlas,
que quedaron sin voz
y han muerto entre las sombras.

Caen despacio una a una,
bajan ligeras, frágiles,
oscilan, titubean, flotan,
hasta posarse en la tierra
para siempre.

No sé qué hacer con ellas
cada tarde,
cuando el sol dibuja
la penumbra de repente
y enciende todas las estrellas.

No sé qué hacer con ellas
por las noches,
cuando el sueño revive
las quimeras
y los pájaros callan hasta el alba.[45]

REBUSCO EN EL PASADO, EN LO VIVIDO,
imagino quién fui entonces
e intento recordar quién era,
pero no es un recuerdo,
es la historia que he compuesto,
unas cuantas instantáneas,
el río de las palabras dichas
y no dichas,
añadidas poco a poco,
tal como se escribe con detalle
la distancia.

He fabricado una historia,
o dos, o tres, o muchas
que deambulan por mi mente
hasta instalarse
como la verdadera historia,
la indiscutible y única,
la que relata hechos
y mentiras
que creo ciegamente,
tal como los vencedores
esculpen sus victorias.

Pero todo es ficción,
otra impostura,
porque yo no estaba allí
en cada momento,
allí estaba *otra*,
otra que era yo
pero que siempre era distinta,
que cambiaba a un ritmo
más ligero que la luna,
a trote de caballo,
a galope tendido.[46]

NO ACABO DE ENCONTRAR LO QUE MITIGUE
el silencio malvado del destierro,
el miedo de estar sola entre la gente
sin tu voz, sin tu aliento, sin tu mano.

No logro asimilar lo irrefutable,
el final del camino, la parada,
el olvido insultante de la ausencia,
que es frontera con lo que ya no existe.

No puedo concebir otra mañana
sin días infinitos en tus ojos,
sin las noches de luz que me guardaban
del abismo sombrío de la nada.[47]

CIERRA LOS POSTIGOS
cuando el atardecer se anuncia,
tan ruidoso,
y el viento se hace piedra
por las calles.

Enciende la lumbre en la cocina
entre las sombras frías
del día primero del otoño
y trocea las verduras de la cena
en dados de la suerte.

Se ha puesto el sol
y en la cazuela
hierve toda la memoria
revuelta con silencios
y ausencias incurables.[48]

HABRÍA QUE ENCONTRAR ALGÚN MOTIVO,
para dar un sentido a la existencia,
al eco de un sonido en el recuerdo,
a restos del amor hecho jirones.

Habría que encontrar por algún sitio
diminutas partículas de ausencia
y con ellas construir el día a día
para hacer los minutos soportables.

Pero grita la vida devastada,
se abre paso a patadas y codazos,
asesina en el camino cuanto halla,
con su fuego destruye hasta la tierra.[49]

IGNORAR COSAS TONTAS DE LA VIDA,
del mundo más allá de la ventana,
no saber de la historia más que el cuento
que gusta a los oídos que repudian
las verdades difíciles e incómodas.

No pensar que existiera otro paisaje,
otras gentes que no sonríen nunca,
los veranos que son la primavera
que se estira sin fin hasta el otoño,
los claros siempre verdes en el bosque.

Vivir en el paisaje, entre las gentes
sin siquiera entender lo que ha pasado,
soñar con los lugares donde hay mar
y soñar con castillos en el aire,
con barcos que navegan por las nubes.[50]

MATAR LA NOSTALGIA
a puñaladas,
asesinar a sangre fría los afectos,
romper el espejo en mil pedazos,
recoger los despojos miserables
de un corazón privado de esperanza
que camina descalzo entre la niebla.

Seguir andando a oscuras sin ver nada,
sin vereda y sin rumbo
hasta la muerte. [51]

CONTRA EL MAR, CONTRA EL VIENTO,
contra el sol y la lluvia,
contra la gente toda,
en contra siempre
para seguir viviendo.
Ir contra corriente,
respirar sin aliento,
sucumbir en el esfuerzo
sin dejar una senda mal trazada
en ese bosque,
en esa maraña enloquecida
que carece de puntos cardinales,
conservar los restos
del ímpetu y nunca detenerse,
para seguir andando.[52]

CADA DÍA SE SIENTA EN ESA ESQUINA,
para mirar los árboles, las nubes,
gentes que desfilan en anónimos paseos.
Se sienta ahí y espera todo,
espera la soledad de alguien distinto,
una cura para el alma herida.
Se sienta ahí tenaz, rebelde,
sin querer ser visible ni mostrarse,
con vergüenza de esperar
que se le acerque quien pueda ver
la angustia en el fondo de sus ojos,
la herrumbre anquilosada,
quien vea lo difícil que es seguir viviendo.
Se sienta ahí y no se mueve,
y pasan los rostros demacrados,
exentos por completo de esperanza,
que buscan cobijo en vasos rotos.[53]

Poetry is when an emotion has found its thought
and the thought has found words.

ROBERT FROST

DE UN *LEJOS* MÁS REMOTO QUE EL DE AHORA
llegaban palabras bien distintas,
mucho más sugerentes que las propias,
y yo las quería tomar todas prestadas.
Creía que *decían*
mejor que aquellas
que empleaba sin pensarlas cada día.
Creía que encerraban en secreto
susurros y caricias.
Codiciaba expresarme en otro código
de sonidos nunca oídos,
sibilantes, guturales, tan ajenos,
y aprender la ortografía
de todo lo que suena y lo que es mudo,
para lograr conducir la *emoción*
hasta encontrar el *pensamiento*,
acertar con la *palabra* forastera
que lograra expresar lo que albergaba.[54]

DICE QUE ES UNA SOSPECHA,
pero siente
que no es cierto que quede la esperanza
de volver a amar de nuevo
perdiendo el corazón en otros ojos,
notando los latidos en el pecho.

Dice que quizá suceda un día
pero sabe
que *un día* es un *nunca* sin mañana,
sin la luz primera de febrero
que enciende los almendros
e ilumina de plata los olivos.

Dice que todo lo que piensa
es ya mentira,
que es difícil distinguir entre la niebla
el sol reflejado en los cristales,
el ruido del agua en los arroyos,
la vida y la muerte, tan distintas.[55]

COMO HEBRAS DE LUZ
sujetas sin querer
en la punta de una lanza,
como árbol que nace
equivocado
al borde del camino,
como injerto que no prende
porque no hay lugar
para anidar en ningún sitio,
así de dura, de rotunda,
es la palabra irrelevancia,
espectro tenaz
en el centro exacto del olvido.[56]

TODO CUANTO PUEDE DESDEÑARSE,
lo que es perimetral y prescindible,
lo que no se respeta porque nunca
fue esencial sino accesorio,
todo cuanto no cosecha más
que un banal elogio en público,
es tierra quemada sin batallas,
todo cuanto no merece ser oído
en el hueco ambiguo de lo oculto,
es insignificante, no vale nada.[57]

AGRADECIMIENTOS

A mis primeros lectores, Marieta Torné, José L. Bilbao, Presina Pereiro y Purificación García Díaz, por su enorme paciencia, por sus siempre oportunas observaciones, por creer en mis versos mucho antes y mucho más que yo misma.

A mi segundo lector, José Luis Delgado, por sus acertados comentarios y sugerencias.

A Antonio Enrique, por haber aceptado correr el riesgo de prologar este libro, por su generosidad para conmigo, por su sabiduría inconmensurable.

A Olé Libros y, en especial, a Toni Alcolea por haber aceptado mi manuscrito y hacer posible este libro.

NOTAS

1   Es una reflexión sobre el paso del tiempo en la vida y, en especial, en la vida de pareja; también acerca de lo que, habida cuenta de lo vivido y de lo no vivido, cabe esperar a futuro. Hablo del asombro al acabar el día con la sensación de que no ha terminado, de cómo fabulo con que hay quien vela mi sueño (nadie, en realidad) para sentirme más tranquila y segura; de todo lo perdido, del corazón vacío que sangra, de un deseo absurdo de volver a sentir el fuego y la pasión, hablo de «estar al mismo tiempo que no estar, de huir sin escapar del laberinto», porque solo huyo con la imaginación.
Hablo de la ausencia del deseo que se ha ido para siempre y del subproducto que es quedar «sedientos y desnudos».

2   Hablo de la suerte que corren las flores cortadas, cuya agonía tan terrible me parece, por mucho que me parezcan bellísimas. El origen es el profundo rechazo de mi hermana Marieta a recibir ramos de flores.

3   Es una reflexión acerca de la muerte, acerca de cómo me gustaría llegar a la muerte.

4   El miedo, la debilidad y la vulnerabilidad, hacen que quiera un exoesqueleto como traje de diario, equipado con unas buenas pinzas.

5   Escribo sobre la muerte en un entorno (por cierto, conocido: una casita junto al mar que vendí hace unos años) y sobre la angustia («que apenas son ya muros de escarcha en carne viva»). Constato que la vida es tan poderosa que continúa su ritmo natural («el alegre parloteo de los mirlos, las abejas que liban») y llego a «una imprecisa soledad todo lo tapiza» mientras sucede algo tan exacto, tan aparentemente banal, pero imperecedero como que «las olas rompen en la arena de la playa».

79

6   Vuelvo a hablar del tiempo, como si fuera un enemigo al que habría que temer, y de que nosotros mismos somos tiempo y «llevamos en las manos un hatajo de cables desatados e inconexos» que nos permiten, de algún modo, navegar por el tiempo y guardar una memoria.

7   Sigo con el tiempo y con el relato del tiempo (de nuestra vida, que no es sino tiempo) que nosotros escribimos para nosotros mismos y para la galería, y también con la incredulidad ante la vida que llevamos y que en la mayor parte de los casos no tiene nada que ver con la que soñamos. Vuelven la ausencia y la muerte, como elementos ubicuos —creo— en mis versos.

8   Soy muy obediente en contra de lo que pueda parecer. He sido domada —como todo el mundo— y no he sabido regresar de la doma para asilvestrarme. Pero no soy la única, formo parte de una multitud que vive en «ese deber ser contra el ser mismo» y que probablemente tiene algo decidido en la cabeza que no ejecuta porque tiene «el corazón y el alma vencidos en silencio», y practica la huida falsa a través de la imaginación.

9   Escribo acerca de cómo estar atrapado por uno mismo en donde no se quiere estar y con la absoluta certeza de que no hay futuro.

10 De nuevo la desesperanza, el vacío, la angustia, «las aves observan asombradas que los días se deshacen en cenizas». La vida como una alucinación, sin ejecutar decisiones que están solo en la cabeza, en el corazón, y entonces «indolente la noche se recuesta, se acomoda a esperar la madrugada», aunque no hay nada que esperar.

11 Una noche cualquiera, durante la que percibo lo que pasa a mi alrededor y percibo que «no hay ritmo, no hay notas musicales». Y pienso que «las palabras, que ordenan el presente y el futuro, poco a poco dibujan la inquietud impasible» del corazón. Inquietud impasible, porque impasible contemplo con gran inquietud que no actúo para cambiar mi vida en un intento de mejorar mi interior.

80

12 Nunca puedo refrenar el impulso de buscar casa allá en donde estoy porque «me acojo a la idea extravagante de un cambio radical en el reparto, un cambio de escenario, del atrezo».

13 Supongo que parece duro, pero describo cómo vivo yo y cómo veo la relación entre dos personas que se enamoran y cómo evoluciona el asunto. Ya sé que no es positiva, pero es la que tengo.

14 Hablo de la ruptura, sobre todo, de la ruptura invisible, entre dos personas que decían quererse, «aquel amor tan nimio que nunca se tuvieron», al que sigue «la calma fría que precede a la espera», pero... ¿a la espera de qué?

15 Y no, no existen. Y los oasis tampoco existen. Vuelven aquí «los flancos descubiertos», la necesidad del exoesqueleto del crustáceo. Y lo estéril de desear y esperar que venga quien nos salve de la angustia, del fracaso, «del espanto de ser nosotros mismos» y vernos en un espejo.

16 De nuevo describo el momento del choque de trenes, el engaño fatal de las sinapsis neuronales y aquello que Jung decía: el encuentro entre dos personas es como el contacto entre dos sustancias químicas; si no hay reacción, no pasa nada, si hay reacción, ambas se transforman. La frase «se ha detenido el mundo y están encarcelados otra vez» quiere con toda humildad rendir tributo a la canción *Han caído los dos*, de Radio Futura. Termino de nuevo en el desgaste, en «aceptar la servidumbre de un futuro vacío que no existe».

17 Esto es una descripción de un encuentro (inesperado) con el pasado, que conduce a la nada.

18 Sigo en ese inesperado encuentro con el pasado y en lo que me hace pensar. Tiene mucha relación con el poema del salvavidas y también con el inmediatamente anterior.

19 Creo que describo a cualquiera de nosotros, incapaces de cambiar de vida y prender fuego a todos esos «féretros baratos», mientras que la angustia se me «atraviesa como un árbol caído en medio del camino».

81

20 Sí, es más difícil. Estoy de nuevo en el encuentro inesperado, que no había buscado ni previsto, ni tampoco las ganas del reencontrado de volver a verme y pasar algún tiempo conmigo.

21 Al hilo del reencuentro inesperado, esto es una de las cosas que yo pienso sin decirle.

22 Secuencia desde «Les parece más liviana la vida cuando hablan», es más de lo mismo acerca del encuentro inesperado. Pero hasta aquí he llegado.

23 Esto es lo que, a mis ojos, sucede en una pareja cuando hace tiempo que ya no queda nada.

24 Ídem al anterior.

25 De alguna manera, esta es la historia de mi vida. Y ahora hace ya demasiado tiempo que no hay «sirenas sino silencios delirantes».

26 Creo que la tristeza se aprende desde la infancia (la tristeza resignada de mi abuela, la tristeza iracunda de mi madre). Tiene relación con «La obediencia se logra con la doma».

27 Hablo aquí de la pulsión de muerte (pulsión que decía Freud, todos tenemos), que reside en la vida que no «arreglo». En realidad, parece que es muy difícil vivir. Mi enamorado más antiguo me dijo hace muchos años que «la vida es de una enorme pesadez». Nunca lo he olvidado.

28 En la línea del poema anterior.

29 Como algunos coches, tengo un cero a cien rapidísimo. Todo lo pienso muy deprisa y, aparentemente, hago algunas cosas relativamente bien, pero el vacío acosa. Eternamente.

30 Las sombras son los propios miedos y también las amenazas externas para las que viene bien el exoesqueleto de crustáceo.

31 Aquí hablo un poco de cómo escribo, pero, sobre todo, cuestiono el sentido de la vida.

32 Un amor incompleto, muy antiguo, que vivió décadas dentro de mí cuyo formato era como cantaba Sabina: «No hay nostalgia peor que añorar lo que nunca jamás sucedió». Ese amor murió y me dejó sola (el amor que yo sentía, el que echo de menos, no la persona a la que amé, que sigue viva).

33 Me busco y no me encuentro. Me busco en las palabras, en las letras, busco en ellas «el hambre que clamaba saciedad», hambre que ya no siento. Es difícil envejecer, no tanto por la cara y el cuerpo, sino por todo lo que ya no vivo y no volveré a vivir nunca, aunque llegue a los cien años como mi madre.

34 Vuelvo a hablar de mi escritura, de lo que percibo como mi torpeza al escribir.

35 Se refiere a dos cosas: la herida quirúrgica de mi amiga Tatiana y la herida que abre la deslealtad, el engaño, que es invisible y que está dentro de mí, la herida que ha certificado mi irrelevancia. Es una herida que cualquiera puede tener en cualquier momento: «la cicatriz no muestra el dolor de los músculos, el ruido de los cortes bajo la piel tan blanca».

36 De madrugada, dándole vueltas al absurdo, aunque cada mañana huela «a nuevo como los libros de texto cada octubre», porque sigo siendo la misma y teniendo lo mismo en mi interior.

37 Si hay algo que temo y que detesto, que me afecta hasta el tuétano, es el declinar de la luz del sol que se dirige hacia el equinoccio camino del solsticio de invierno.
Me entristece la disminución del número de horas de luz, la luz agachada que anuncia el invierno.
Por eso digo que «la luz es audaz y esquiva, diletante y anónima» y que «golpea corazones», mi corazón.

38 Este poema de alguna manera bebe de *The road not taken*, de Robert Frost, solo que creo que yo soy bastante más bruta que Frost porque digo que «están muertas» las horas del pasado, que «son cadáveres a los que no hay que hacer la autopsia», que es estéril el pensamiento de «habría sido mejor si…».
Y, sí, rastreo dentro de mí y desespero y, efectivamente, me agarro con fuerza a esa quimera. «Tan inútil».

39 Escribo aquí, una vez más, acerca de mi falta de acción para intentar cambiar mi vida e intentar mejorarla: inmóviles viven los pensamientos… «no aprendieron a nadar cuando era tiempo».

40 Sí, yo habría querido que aquello no hubiera sido un cataclismo, pero lo fue para mí. Habría querido que nunca se definiera la esencia misma de lo trágico. Yo habría querido creer en la suerte. Este poema tiene que ver con la tristeza aprendida de la que hablo en «Con martillo y cincel se aprende el llanto» y, en cierto modo, también en «La obediencia se logra con la doma».

41 Ese cuerpo que pesa es el mío paseando por Praga hace unos meses. Pero, como tantos, sigo «andando con la obediencia muda del autómata», mirando sin ver.

42 En Praga, en casa de mi sobrino Pablo, que sale a caminar mientras sus tres hijos están en el colegio. Tengo el ordenador abierto sobre la enorme mesa de comedor de la cocina, miro la pantalla, mi taza de café, y de telón de fondo «en el extremo mismo de la mesa, su madre —mi hermana Angelina— sigue viva».

43 Este es un a modo de retrato de alguien muy querido, a quien me parece que también le vendría bien un exoesqueleto.

44 La vida, efectivamente, es otra cosa diferente de lo que habíamos planeado, distinta de lo que creía en mi poema «Tardes de Julio», de *La boca incrédula*, un poema que salió directamente de mi corazón. Me doy cuenta de que el tiempo coquetea con los fantasmas del pasado y también de que mi futuro, si lo tengo, está lleno de deseos que nunca se cumplirán, sabiendo

que no hay pasado ni futuro, y que el olvido es el punto final invisible.

45 Pues sí, no sé qué hacer con ellas por las noches «cuando el sueño revive las quimeras y los pájaros callan hasta el alba». Tampoco sé bien qué hacer con ellas cuando no es de noche.

46 Aquí hablo otra vez acerca de cómo escribimos (escribo) el relato de nuestra vida; de alguna manera hablo de identidad y también de esa potente sensación de impostura que atraviesa mi vida. Cuando hablo de hechos y mentiras evoco a Leonard Cohen, en concreto su canción *Nevermind*: «The story's told with facts and lies».

47 Aquí hablo en primera persona, pero en realidad intento describir cómo se sienten dos personas muy queridas para mí que han perdido a sus respectivas parejas.

48 Esta es mi abuela Antonia, la de Hernán-Valle, que siempre está presente en mi vida.

49 Bueno, pues vuelvo a ser yo, pero también son personas muy queridas, y tantas otras que conozco y que no conozco, cuyas vidas han atravesado el muro de la pérdida.

50 Este es a modo de retrato de quienes creen cualquier cosa ciegamente creyendo que han formado su opinión a partir de las fuentes más fiables y sin haber cruzado datos y hecho un profundo análisis crítico. (No por ello quiero decir que mis análisis y conclusiones sean los correctos).

51 Esta seguramente soy yo y así es como siento la vida.

52 Al hilo de la escritura del relato de nuestras vidas, así es como siento que he vivido y vivo.

53 Intento en este poema hacer un retrato de la soledad de tanta gente, de mí misma, a medio camino entre haber perdido la esperanza y querer tenerla, a medio camino entre la soledad y un aullido para pedir socorro.

54 Me gusta especialmente la idea de Frost, esa cortísima y potente frase para describir la poesía como un camino desde la emoción al pensamiento, para llegar al fin a la palabra. Como si las palabras de mi lengua materna no hubieran sido suficientes, yo deseaba aprender otras palabras, con otra carga lingüística y cultural distinta, adivinar por encima de las letras, creer que los sonidos eran más hermosos o incluso más precisos. En realidad, mi afición por otras lenguas, mi propensión a aprenderlas como si fuera un loro, quizá sea para entender más y expresar más —si es que eso fuera posible—.

55 Es otra reflexión más acerca de todo lo perdido, lo que hace tiempo que no vivo y que nunca volveré a vivir.

56 La irrelevancia es un punto central en mi vida. Como tantas personas, fui educada (domada) para la discreción, para no molestar, para no ocupar más espacio que el estrictamente imprescindible, para no demandar. En los afectos buscaba cura a esa reducción, pero he conocido la traición, el engaño. En uno de esos afectos, porque «tenía mucha hambre», lo di todo: fue como sacar todo el contenido de un saco, un saco que era yo misma, vaciarlo y volverlo del revés para sacudirlo por si quedaba algo en su interior. Después, solo podía certificar mi propia irrelevancia.

57 Al hilo del poema anterior, ahondo más en lo que pienso y constato que además de la irrelevancia existe la insignificancia. En una traición, en un engaño, quien traiciona lo hace porque puede, también porque piensa que es posible traicionar al traicionado porque carece de valor, es insignificante, porque «es perimetral y prescindible, porque es tierra quemada sin batallas» (el saco vacío sacudido).

ÍNDICE

Crustáceos se terminó de editar en Valencia en enero de 2025 con el deseo de que sea leído en ese mismo año, los siguientes y siempre.